AF226494

LA PRIÈRE

ET

LA CHARITÉ

AU SERVICE DE LA FRANCE

PENDANT LA GUERRE

**LE FRÈRE FIACRE. — S. VINCENT DE PAUL.
— M. OLIER.**

Prix : 15 centimes.

Se vend au profit des blessés et des victimes de la guerre.

PARIS

BUREAUX DE LA *SEMAINE RELIGIEUSE* DE PARIS,
PLACE DU PANTHÉON, 5.

—

1870

1871

LE FRÈRE FIACRE

(*Semaine religieuse*, Bulletin du 10 septembre 1870.)

I

Mon cher lecteur, en ces jours d'anxiété et d'angoisse pour notre pays, en ces jours où les dures nécessités de la guerre apportent à tous et à chacun de si légitimes sujets de larmes, dont l'amertume fait oublier les espérances du lendemain, vous éprouvez sans doute, comme tous les vrais chrétiens, le besoin de prier pour la France.

On a pensé répondre à vos désirs en vous proposant, pour vous édifier et pour vous servir de saint exemple, un beau, un touchant modèle de la vraie prière catholique, que notre capitale eut le bonheur de posséder et d'offrir à la patrie, dans des circonstances analogues à celles où nous nous trouvons.

II

Il nous faut remonter à deux siècles et plus en arrière dans l'histoire de l'Église et dans l'histoire de notre pays; il nous faut remonter en plein dix-septième siècle.

En ces temps-là s'inaugurait en France un des règnes que nos annales comptent parmi les plus glorieux : il connut toutes les prospérités, je dirais presque tous les bonheurs. Cependant ce glorieux règne devait voir à son début bien des nuages amoncelés, et être agité par de violents orages. Tandis qu'à l'intérieur des désordres civils bouleversaient le pays, la capitale en particulier, il nous fallait, sur les frontières et à l'étranger, entretenir de nombreuses armées contre un puissant ennemi qui s'appelait la maison d'Autriche, et achever, dans une lutte suprême, une guerre commencée depuis de longues années (1), laborieux héritage du règne précédent.

Nous avions eu de grands succès; mais comme ils étaient chèrement achetés! Le commerce était paralysé, les populations des villes languissaient dans l'attente et la souffrance, les levées d'hommes avaient épuisé les campagnes, l'inquiétude régnait partout.

On était en l'année 1646. Sans doute l'intrépidité et les talents du jeune héros (2) qui commandait nos troupes étaient connus de tous; sans doute les précédentes victoires qu'il avait remportées (3) encoura-

---

(1) Elle avait commencé en l'année 1620. La France y avait pris une part plus active depuis 1635. Cette lutte terrible entre deux grandes puissances et leurs alliés est connue dans l'histoire sous le nom de *guerre de Trente ans*, à cause du nombre des années durant lesquelles elle ensanglanta l'Europe.

(2) Le duc d'Enghien, fils de Henri II, prince de Condé. Il avait alors vingt-cinq ans. Cette année même 1646 (26 décembre), son père étant mort, il prit le titre de prince de Condé. Il devait immortaliser ce nom. L'histoire l'appelle le grand Condé.

(3) Les principales sont bien connues : ce sont les victoires de Rocroi, de Fri-

geaient les cœurs les plus timides; mais un revers pouvait tout compromettre et replonger la France dans les incertitudes d'une nouvelle lutte.

Ce revers, l'année 1647 devait l'apporter au pays. En cette malheureuse année (1), une défection permit aux armées ennemies d'envahir nos frontières du nord; et tandis que Condé était occupé en Espagne et essuyait un échec à Lérida, l'archiduc Léopold, frère de l'empereur d'Allemagne, s'emparait d'Armentières, de Comines, de Landrecies et de Dixmude, et nous perdions au siége de la ville de Lens, dans l'Artois (alors la Flandre), un de nos meilleurs généraux, le brave maréchal de Gassion.

III

Évidemment, après une si longue lutte, après ces derniers échecs surtout, on avait besoin d'une victoire décisive, prélude d'une paix sérieuse qui pût rétablir la tranquillité du pays et réparer les malheurs de la guerre.

Cette victoire, cette paix étaient l'objet des désirs de tous; une multitude de personnes pieuses ne cessaient de les demander à Dieu dans leurs prières. Mais entre toutes ces personnes pieuses, saintes même, comme le vénérable M. Olier et saint Vincent de Paul, il en était une qui personnifiait, pour ainsi dire, la prière de tous.

IV

C'était un pauvre religieux du couvent des pères augustins déchaussés de Notre-Dame des Victoires. Ce sanctuaire béni comptait quelques années seulement d'existence; mais déjà il était en grande réputation, et la sainte Vierge avait voulu choisir un des serviteurs de sa maison pour manifester ses bontés.

Les emplois du religieux étaient des moins relevés : c'était un simple frère convers; sa charge la plus importante l'obligeait à faire, deux fois la semaine, la quête dans la ville pour le couvent et pour les pauvres. On le nommait le frère Fiacre.

Mais quelque chétifs que fussent, selon le monde, le ministère et le rang du frère Fiacre, son air modeste, son abord facile, sa douceur, son humilité, et surtout son amour pour Dieu et sa dévotion filiale envers la très-sainte Vierge, lui avaient gagné tous les cœurs.

D'ailleurs on savait que Dieu l'avait fait plusieurs fois le confident de ses merveilles.

Frère Fiacre passait pour un ami du ciel; partout, jusqu'à la cour, on le regardait comme tel : on ne l'appelait que le saint. La reine mère avait en lui une grande confiance. Elle le faisait souvent venir au

bourg et de Norlingue. La bataille de Rocroi fut gagnée le 19 mai 1643, cinq jours après la mort de Louis XIII. Condé n'avait que vingt-deux ans. Fribourg en Brisgau (ville du grand-duché de Bade) fut prise le 3 août 1644. — L'année suivante, le même jour marquait la célèbre victoire de Norlingue.

(1) Cette année (1647) ne fut pas heureuse pour la France. (Le président Hénault, *Abrégé chronol. de l'hist. de France*, p. 256.)

palais pour l'entretenir et se recommander à ses prières ou lui confier le succès de quelque affaire importante. Déjà elle l'avait envoyé plusieurs fois, en son nom et au nom de la France, faire des pèlerinages en des sanctuaires renommés.

V

Le frère Fiacre, que ses fonctions appelaient sans cesse dans la ville, ne pouvait ignorer la guerre que soutenait la France avec l'Allemagne et toutes les péripéties de cette longue lutte; que dis-je? un attrait irrésistible de la grâce le portait depuis longtemps à prier pour le complet triomphe de nos armées, la cessation de la guerre et l'établissement d'une paix solide.

Dans ses prières il aimait à s'inspirer de la belle oraison que l'Église a composée pour le temps de la guerre :

« O Dieu ! disait-il, ô vous qui seul pouvez mettre un frein à la guerre, et qui secourez, par la puissance de votre bras, ceux des combattants qui espèrent en vous, venez en aide à vos serviteurs, nous implorons votre miséricorde; arrêtez la fureur de nos ennemis, et nous ferons monter vers vous, Seigneur, nos perpétuelles actions de grâces ! »

D'autres fois, pensant aux malheurs du royaume, il s'adressait à la sainte Vierge, en adaptant à sa prière la liturgie de l'Église :

« O sainte Vierge, lui disait-il, ô vous qui êtes la mère de celui qui s'appelle le dominateur des rois et le maître des royaumes, de celui qui nous guérit en nous châtiant, et qui en nous pardonnant nous rend la vie, prévenez-nous par votre bonté de mère, obtenez-nous la tranquillité de la paix, conservez-nous-la par votre puissante intercession ! »

VI

Ces prières et d'autres semblables étaient sans cesse dans le cœur et sur les lèvres du saint religieux. A tout instant du jour on le trouvait agenouillé dans l'église du couvent, tantôt auprès de la statue de Notre-Dame de Montaigu (1), à laquelle il avait une grande dévotion, tantôt auprès de l'image de Notre-Dame des Victoires, représentée alors dans un grand tableau au-dessus du maître-autel (2). Là, il redisait à Dieu et à Marie les plaintes de son cœur et ses supplications.

S'il assistait au saint sacrifice, ces supplications devenaient plus ardentes encore. Il offrait Jésus-Christ à son Père par les mains de Marie, comme la victime sans tache, seule capable de satisfaire à la justice divine, et s'unissant au prêtre, il répétait avec lui la touchante oraison empruntée à la liturgie de la messe :

« Seigneur, jetez sur nous vos regards, laissez-vous apaiser par le sacrifice que nous vous offrons; par la vertu de la divine victime, éloignez de nous les fléaux de la guerre, et faites-nous vivre en sécurité sous l'influence de votre protection. »

---

(1) Cette statue était en grande vénération dans le couvent et dans tout Paris.

(2) L'église actuelle de Notre-Dame des Victoires n'existait point encore. Elle était seulement en construction (depuis 1629). On se servait pour chapelle d'une des salles les plus grandes du couvent qui devait plus tard devenir la sacristie.

VII

Et comme si ces prières faites dans l'intérieur du couvent ne suffisaient pas, frère Fiacre allait les répéter dans les sanctuaires les plus célèbres de la capitale; c'était le plus souvent à Notre-Dame, métropole du diocèse, et à Sainte-Geneviève, auprès du tombeau de la patronne de Paris.

Jusque dans les rues, lorsqu'il se rendait à ces pèlerinages ou lorsqu'il parcourait la ville pour la quête hebdomadaire, il continuait ses prières. Elles se traduisaient alors ordinairement sur ses lèvres par une simple exclamation : « Mon Dieu, secourez-nous! Sainte Vierge, venez à notre aide! »

Il ne les interrompait que pour adresser une parole d'espérance et de consolation à ceux qu'il voyait inquiets ou effrayés. Il leur rappelait, avec sa naïveté pieuse et sa bonhomie, que Dieu est le maître des événements; qu'à lui seul appartient le succès des batailles ; que pas un cheveu de notre tête ne peut tomber sans sa permission. Il ajoutait qu'il fallait prendre bien garde de ne pas se décourager ; qu'il était plus sage de moins se troubler et de prier davantage; qu'un vrai chrétien devait, en pareille circonstance, s'en rapporter à la bonté et à la miséricorde de Dieu ; qu'après tout, si les ennemis étaient puissants, la France avait pour elle la sainte Vierge.

En rentrant au couvent, frère Fiacre allait de nouveau se jeter au pied de la statue de Notre-Dame de Montaigu et de l'image de Notre-Dame des Victoires. Et après avoir ainsi prié durant le jour, le saint homme poursuivait ses prières bien avant dans la nuit. Que de fois, en revenant de l'office des matines, vers deux heures du matin, au lieu de reprendre son sommeil interrompu et de goûter un peu de repos sur son pauvre grabat, ne se prosterna-t-il pas la face contre terre, laissant pendant des heures entières son cœur s'exhaler en soupirs !

VIII

Aux prières le saint religieux ajoutait de durs exercices de pénitence. Dans le but d'apaiser la justice de Dieu et d'obtenir le succès de nos armées, il jeûnait presque tous les jours; tous les jours aussi, pour le même motif, il meurtrissait son corps sous les coups d'une longue et sanglante discipline.

Et persuadé que ces macérations étaient sans valeur, il aspirait à faire bien davantage : « Mon Dieu, disait-il un jour, si je pouvais découvrir quelque pénitence qui pût vous apaiser, je m'en servirais sur l'heure. »

Du moins, ne trouvant rien à faire de plus, il se considérait comme une victime destinée à être sacrifiée pour satisfaire à la justice divine, et il s'offrait à Dieu comme tel, dans le sentiment de la plus profonde humilité et de la générosité la plus complète.

Vous le voyez, mon cher lecteur, on ne saurait manifester plus de zèle pour le salut de ses frères et pour le bonheur de la patrie qu'en montra ce saint homme dans les tristes conjonctures où se trouvait la France.

IX

Tant de dévouement pour son pays lui donnait bien le droit de lui faire quelques fraternelles remontrances. Il les lui adressait parfois dans ses prières :

« Pauvre France, disait-il alors, comprends que tu as mérité l'épreuve que Dieu t'envoie. Il est juste, ce grand Dieu, et la sagesse préside à toutes ses décisions. Est-ce que ton orgueil, ta présomption, une folle confiance en tes forces ne t'avaient point aveuglée et ne te faisaient pas oublier de recourir à celui qui est le maître de toutes choses et qui dispose du succès des batailles, comme il tient dans ses mains les ouragans et les tempêtes ? »

X

Jusqu'ici le frère Fiacre n'avait eu dans ses prières multipliées et ferventes qu'une initiative toute privée, comme celle de tant d'autres fidèles et de saints personnages qui partout regardaient comme la plus pressante de leurs obligations celle d'intercéder le ciel en faveur de la France. Mais la prière du modeste religieux devait recevoir un cachet exceptionnel d'autorité et lui-même devait à cette occasion revêtir un caractère tout officiel. A la fin de l'année 1647, sur quelques représentations que le saint homme crut devoir soumettre à la reine mère, et qu'elle accepta comme un avertissement d'en haut, cette princesse le chargea de se rendre à Chartres et d'y aller faire, en son nom et au nom de la France, aux pieds de l'image miraculeuse de la mère de Dieu (1), une neuvaine pour la cessation de la guerre et pour l'établissement de la paix.

Frère Fiacre partit le 26 décembre. Dès sa sortie du couvent, trouve-t-on relaté dans ses mémoires, il commença ses prières aux intentions de la reine ; il les poursuivit tout le long de sa route, et les anges de Dieu pourraient seuls dire ce que furent ces prières, ce que furent surtout celles qu'il ne cessa d'offrir à Marie, pendant les neuf jours qu'il demeura auprès de son sanctuaire, et de quels soupirs, de quelles larmes il les accompagna.

XI

Le Seigneur devait se laisser vaincre par les supplications que le frère Fiacre et la France catholique tout entière n'avaient cessé de faire monter vers le ciel, supplications dont le pauvre augustin dé-

---

(1) Notre-Dame de Chartres est un des sanctuaires les plus vénérables et les plus anciens de notre pays. Cette magnifique cathédrale a été construite sur l'emplacement d'un autel antérieur à la conquête des Gaules par Jules César. Cet autel élevé par les anciens druides était dédié à la Vierge mère, *Virgini parituræ*. L'image miraculeuse qu'on vénère à Chartres « n'est pas seulement l'objet d'un culte local, mais *d'une dévotion vraiment nationale*, parce qu'elle a sauvé la France entière dans les moments les plus critiques. » Ainsi s'exprimait, dans son dernier bulletin, *la Voix de Notre-Dame de Chartres*.

chaussé venait de devenir le représentant authentique, aux pieds de Notre-Dame de Chartres, et comme le céleste ambassadeur.

Peu après le pèlerinage du frère, dans le courant de l'année 1648, les armées françaises remportaient dans les plaines de Lens la fameuse victoire relatée sous ce nom dans nos annales, victoire qui réparait les échecs de l'année précédente et anéantissait les ressources des ennemis.

La même année (24 octobre) était signé à Munster, en Westphalie, le célèbre traité qui mettait fin à la guerre de Trente ans.

XII

Les esprits forts d'alors, il y en a dans tous les temps, crurent que ces heureux résultats ne devaient être attribués qu'à l'habileté des chefs et à la bravoure des soldats secondés par la fortune; mais ceux-là qui comptent avec le monde surnaturel et qui savent que Dieu ne détourne jamais son regard et sa protection de la prière faite avec humilité et confiance, se plurent à penser que la prière des amis de Dieu était venue en aide à l'épée de nos soldats, qu'elle avait servi à doubler leur bravoure et avait attiré sur eux la bénédiction de celui qui s'intitule le Dieu des combats et le Dieu de la paix.

XIII

CONCLUSIONS DU RÉCIT.

Vous avez admiré sans doute, mon cher lecteur, le beau modèle qui vient de vous être proposé ; sans aucun doute aussi, en lisant les précédentes pages, vous avez formé la résolution d'imiter l'humble religieux qui, au dix-septième siècle, sut se faire l'ange de la prière pour la France.

Inutile, je pense, d'entrer ici avec vous dans de longues explications. Vous apprécierez facilement en quoi et de quelle manière vous pouvez, selon vos forces, ressembler au pieux frère Fiacre, et comme lui devenir aussi pour la France un ange de la prière.

Que votre prière soit une sainte copie de celle de ce bon religieux ; qu'elle soit humble et résignée devant la justice de Dieu, toujours équitable dans les épreuves et les châtiments qu'il envoie à ses créatures ; qu'elle soit accompagnée de sacrifices et de bonnes œuvres ; qu'elle soit persévérante ; qu'elle soit animée surtout par une confiance sans borne en la bonté de Dieu ; qu'elle s'élève enfin vers le ciel par l'entremise de l'auguste Vierge Marie et sous la précieuse influence des saints patrons de la France, sainte Geneviève et saint Louis.

XIV

Encore un mot, cher lecteur. En terminant ce récit, laissez-moi appeler votre attention sur une de ces pages qui a peut-être passé inaperçue pour vous. Il s'agit de celle qui décrit les malheurs de la France au commencement du règne de Louis XIV. Avez-vous compris la conclusion qui en découle tout naturellement ? En vérité, ne montre-t-elle pas, avec cette certitude propre aux faits historiques, que ce n'est pas la première fois que notre beau et puissant pays a dû acheter chèrement ses succès; que ce n'est pas la première fois que des échecs éprouvés d'abord n'ont pas empêché la victoire de venir ensuite se réfugier dans les plis de notre drapeau?

XV

Dieu nous a protégés au dix-septième siècle, il nous protégera encore au dix-neuvième; comme autrefois, il viendra en aide au dévouement et à l'habileté de nos chefs, à la bravoure et à l'héroïsme de nos soldats. Mais sachons mettre l'auguste mère de Dieu dans nos intérêts. A tant d'autres prières que vous lui adressez, mon cher lecteur, ne pourriez-vous pas joindre celles-ci :

PRIÈRE POUR LES SOLDATS CHRÉTIENS.

O immaculée vierge Marie! vous qui êtes la mère du Dieu des armées, le secours des chrétiens, le refuge des pécheurs; vous qui avez écrasé la tête de l'antique serpent et vaincu tous les ennemis de la sainte Église; vous qui avez mérité le nom de Notre-Dame des Victoires, soyez aussi Notre-Dame des soldats chrétiens. A ce titre, nous vous supplions d'être la gardienne vigilante de leur foi, de leur honneur, de leur vie; secourez-les dans les dangers de la paix et dans les périls de la guerre; apprenez-leur à se vaincre eux-mêmes dans la lutte contre le péché; faites-leur enfin, par votre intercession puissante et par les mérites de votre Fils, remporter sur la mort une dernière victoire et recevoir la palme des triomphes éternels. Ainsi soit-il.

PRIÈRE A MARIE, PRÉPARATOIRE A LA FÊTE DE LA NATIVITÉ 1870.

Souvenez-vous, ô très-pieuse, très-douce et très-compatissante mère de Dieu, qu'on n'a jamais entendu dire qu'aucun de ceux qui ont imploré votre assistance et réclamé vos bontés ait été abandonné de vous. Animés d'une immense confiance, nous venons à vos pieds, nous nous jetons entre vos bras, nous vous prions avec larmes pour notre cher et malheureux pays, nous le confions à votre garde! O Marie, il est aussi le vôtre puisqu'il vous a été consacré. Malgré les douleurs et les désastres de l'heure présente, vous pouvez le sauver. Vous êtes notre espérance. Vous nous avez déjà manifesté votre maternelle intervention en la belle fête de l'Assomption; achevez votre œuvre pour la fête de la Nativité qui approche, et pour celle de votre saint nom : ces deux solennités rappellent des anniversaires de glorieuses victoires que le monde catholique se fait honneur de devoir à votre protection puissante. O Vierge très-compatissante, assurés que vous nous viendrez en aide, nous allons vous prier avec un redoublement de ferveur et de piété, avec une confiance inébranlable, et nous vous offrons par avance les hommages de notre reconnaissance ! Ainsi soit-il.

SAINT VINCENT DE PAUL

(*Semaine religieuse*, Bullet. du 17 septembre 1870.)

Chers lecteurs de la *Semaine religieuse*, vous avez accueilli avec sympathie la touchante histoire du frère Fiacre que renfermait notre dernier bulletin. Sans doute vous aurez trouvé avec nous que cet humble religieux était bien digne de vous être présenté comme un modèle à suivre dans les douloureuses circonstances où nous nous trouvons, et vous vous serez efforcés de l'imiter dans les limites du possible, chacun selon votre position, pour le bien de notre très-aimé et très-malheureux pays.

Ce bon accueil, chers lecteurs, nous fait espérer que vous recevrez aujourd'hui avec une égale sympathie de nouveaux récits qui nous semblent devoir compléter le précédent. Ils se rapportent à la même époque, au temps des longues et désastreuses guerres qui ensanglantèrent la France à la fin du règne de Louis XIII et durant les premières années du règne de Louis XIV.

Les saints personnages dont on va vous raconter les œuvres sont connus de tous. Il s'agit de saint Vincent de Paul et de M. Olier, ce vénérable prêtre qui fonda l'église et le séminaire de Saint-Sulpice. Nous avons prononcé leurs noms dans notre précédent bulletin : il était juste de leur consacrer à chacun un article spécial.

*

Ces nouveaux récits vous montreront que les serviteurs de Dieu ont les mêmes pensées et les mêmes manières d'agir. Quand il est question de la gloire de leur maître et du bonheur de leurs frères, ils n'ont pas deux moyens de procéder : c'est toujours à la prière qu'ils font appel, à l'immolation d'eux-mêmes devant Dieu, au sacrifice ; et puis, ils se dévouent sans mesure à toutes les misères, à toutes les souffrances qu'ils peuvent soulager.

Ah! ils n'ont pas lu la vie des saints, ils ne connaissent pas ce qu'est le sacerdoce, ils ignorent à quoi servent les couvents au sein d'une société, ceux-là qui, dans des jours de trouble et de périls pour la patrie, voudraient éloigner de nos murs le religieux et le prêtre, et priver les malheureux des secours qu'ils en peuvent attendre!

*

Commençons par saint Vincent de Paul. Nous empruntons tous nos récits à la vie du saint prêtre que nous a laissée son ami et son confident, le pieux Abelly, mort évêque de Rodez.

CE QUE FIT SAINT VINCENT DE PAUL PENDANT LA GUERRE
DE TRENTE ANS.

I

Dès que saint Vincent de Paul vit commencer la guerre, la première chose qu'il fit, ce fut, dit son historien, de mettre sa compagnie en prières pour demander à Dieu le secours de sa miséricorde.

Lui-même, dans ses longues oraisons, durant la récitation du bréviaire, au saint sacrifice, ne cessait de faire monter ses supplications vers le ciel. Comme un autre Moïse, il disait continuellement à Dieu : « Pourquoi, Seigneur, votre fureur s'embrase-t-elle contre ces peuples affligés? Laissez, je vous prie, s'apaiser votre justice... »

II

Non content de prier et de faire prier, saint Vincent de Paul « crut qu'il était de son devoir de s'employer autant qu'il pourrait afin d'apporter quelque remède aux douleurs de ses concitoyens. »

Cette inspiration qui venait du ciel lui donna parfois de saintes audaces qu'autorisaient d'ailleurs la réputation de sa sainteté et le crédit dont il jouissait à la cour. Nous en citerons un remarquable exemple. Voici comment il est raconté par Abelly (1) :

« Nous ne devons pas omettre ici que Vincent voyant tant de mauvais effets causés par la guerre, et considérant les horribles péchés, les blasphèmes, les sacriléges et profanations des choses les plus saintes, les meurtres et toutes les violences et cruautés qu'on exerçait sur les personnes même innocentes, outre la désolation des provinces et la ruine de tant de familles, son cœur s'en trouva tellement saisi et comme tout outré de douleur, qu'il se résolut, contre toutes les raisons que la prudence humaine pouvait lui suggérer, d'employer un moyen dont le succès paraissait assez douteux, et qui pouvait d'ailleurs lui être fort préjudiciable. M. de Richelieu lui témoignait beaucoup de bienveillance, et ce fut de cette bienveillance qu'il se voulut prévaloir, non pour ses propres intérêts, mais pour le bien public. Dans ce dessein, il s'en alla un jour le trouver, et après lui avoir exposé avec toute sorte de respect la souffrance extrême du pauvre peuple et tous les autres désordres et péchés causés par la guerre, il se jeta à ses pieds en lui disant : *Monseigneur, donnez-nous la paix; ayez pitié de nous; donnez la paix à la France!* ce qu'il répéta avec tant de sentiment que ce grand cardinal en fut touché; et ayant pris en bonne part sa remontrance, il lui dit qu'il y travaillait, et que cette paix ne dépendait pas de lui seul, mais aussi de plusieurs autres personnes, tant du royaume que du dehors. »

Plus tard, la guerre continuant toujours, saint Vincent de Paul, « voyant que les pauvres habitants de Paris allaient être réduits aux dernières

---

(1) *Vie de saint Vincent de Paul*, t. II, p. 139.

extrémités, se rendit à Saint-Germain, où se trouvait la cour, et représenta à la reine mère ce qu'il pensait, selon Dieu, être le plus expédient pour moyenner la paix et la tranquillité publique. »

III

Ces démarches solennelles du serviteur de Dieu pour la cessation de la guerre ne pouvaient, on le comprend facilement, se produire qu'à de rares intervalles ; mais ce qu'il ne discontinuait pas, c'était d'offrir à Dieu ses souffrances et de s'offrir lui-même dans le but d'obtenir le résultat désiré.

Abelly rapporte à l'année 1648 un beau trait de cet esprit de sacrifice et de ce dévouement du saint prêtre pour son pays. Saint Vincent avait dû, au milieu de l'hiver, visiter plusieurs maisons de sa congrégation. Durant cette visite, il fut contraint de séjourner un mois dans un pauvre hameau nommé Fréneville, à deux lieues d'Étampes. « Pendant tout ce temps, dit le pieux historien, Vincent ne se sustenta que du pain de tribulation et de l'eau d'angoisse, la saison étant extrêmement froide et le logement très-pauvre, où l'on manquait de toutes les commodités pour la vie et où, dans un temps de trouble et de guerre, tout était à craindre. Mais Vincent ne pouvait perdre une si précieuse occasion de souffrir pour son pays. On n'entendait pas une plainte sortir de sa bouche. Il endurait tout en esprit de pénitence, croyant qu'en qualité de prêtre il la devait pratiquer pour apaiser la colère de Dieu qui faisait ressentir de plus en plus ses effets sur tout le royaume. »

IV

Ces sentiments de pénitence et d'expiation qu'il savait si bien réaliser lui-même dans ses actes, saint Vincent s'efforçait aussi de les inspirer aux autres, aux prêtres de sa compagnie d'abord, puis à tous ceux qui avaient recours à lui, aux pauvres victimes de la guerre surtout. Dans les prédications qu'il eut maintes fois l'occasion de leur adresser. il avait toujours soin de « les encourager à faire un bon usage de l'affliction présente et de les exhorter au repentir de leurs fautes, comme au moyen le plus efficace pour apaiser Dieu. » Du reste, ces prédications se terminaient ordinairement par des avis paternels qui disposaient ces pauvres gens à se confesser ; et le serviteur de Dieu, en descendant de chaire, se mettait à leur service pour les entendre et les absoudre. Rarement on résistait à un zèle si désintéressé et si paternel.

Heureux les peuples qui, dans les jours d'épreuve que leur envoie la Providence, savent écouter la voix de leurs pasteurs ; et qui, écoutant cette voix, comprennent que c'est par l'expiation, le repentir, l'aveu sincère de leurs fautes, qu'ils peuvent détourner de leurs têtes les foudres du ciel et apaiser la justice divine ! On l'a dit avec vérité : le soldat qui défend les remparts de sa patrie, portant sous ses vaillantes armes un cœur pur et ami de Dieu est doublement fort contre l'ennemi.

V

La mission de saint Vincent de Paul, dans les jours de malheur que traversait la France, ne devait pas s'arrêter là. L'homme de Dieu avait tout d'abord compris que si la prière et l'expiation étaient ses premiers devoirs, la charité lui en imposait un autre ; et celui qu'on appelait si justement le père des pauvres et des malheureux ne pouvait manquer d'accepter avec bonheur ce nouveau devoir. — Disons brièvement comment il a su l'accomplir.

MALHEURS DE LA LORRAINE DURANT LA GUERRE DE LA FRANCE AVEC L'ALLEMAGNE.

La Lorraine ressentit les premières atteintes de la guerre et se vit réduite à une étrange calamité par la violence de ce fléau. Cette province était autrefois une des plus peuplées, des plus fertiles et des plus accommodées de toute l'Europe. Elle jouissait depuis longtemps d'une pleine paix au dedans et au dehors, et de tous les contentements qui accompagnent une grande prospérité. Mais comme l'abondance des biens et des plaisirs temporels est plus propre à attacher les cœurs des hommes à la terre qu'à les élever au ciel, et qu'il est très-difficile que parmi les aises et les commodités de la vie il ne se trouve quantité de vices et de péchés, la providence divine voulant purger cette terre par les eaux de la tribulation, commença à lui faire ressentir, dès l'année 1635, les plus terribles fléaux : la peste, la guerre, la famine la ravagèrent tour à tour. (Abelly, t. II, p. 104.)

SAINT VINCENT DE PAUL EST SUSCITÉ DE DIEU POUR VENIR EN AIDE AUX MALHEUREUX HABITANTS DE LA LORRAINE. — IL LEUR ENVOIE DES AUMONES CONSIDÉRABLES. — PIEUSES INDUSTRIES AUXQUELLES IL A RECOURS, SANS SE LAISSER LASSER PAR L'ÉTENDUE ET LA CONTINUITÉ DES MISÈRES.

I

Dieu n'oublie jamais sa miséricorde en cette vie, même au milieu des plus rigoureuses exécutions de sa justice : aussi voulut-il donner quelque consolation et soulagement au peuple affligé de la Lorraine, et il suscita à cette fin saint Vincent de Paul.

Dès que ce saint prêtre connut l'extrémité à laquelle était réduite cette pauvre province, il en fut vivement touché et forma la sainte résolution de lui venir en aide.

Ce projet devait recevoir une prompte exécution. A quelque temps de là, une petite somme était remise au serviteur de Dieu pour ses aumônes, et celui-ci s'empressait de l'envoyer aux prêtres de sa congrégation établis à Toul. Ces charitables religieux s'en servirent pour procurer des logements et de la nourriture aux malheureux qui gisaient mourants dans les rues. Tels furent les simples débuts d'une œuvre qui devait produire de si grands résultats.

II

De nouvelles ressources ayant été remises à saint Vincent, il fit partir d'autres prêtres de sa maison, avec ordre de rendre aux principales villes de la Lorraine les assistances que Toul venait de recevoir.

Mais ces aumônes furent bientôt distribuées. Ceux qui avaient été chargés d'en faire la répartition, dès leur retour à Paris relatèrent à saint Vincent les nécessités inouïes et presque incroyables qu'ils avaient vues de leurs propres yeux. Ces récits attendrirent si fort le cœur du saint prêtre, que se prosternant devant Dieu, il fit le vœu de secourir de telles infortunes à quelque prix que ce fût. Immédiatement le serviteur de Dieu se rendit auprès de plusieurs personnes riches et pieuses de la capitale, et les supplia de l'aider dans cette œuvre de charité. Malgré le malheur des temps, toutes les bourses s'ouvrirent à la prière de saint Vincent. En conséquence, de nouveaux missionnaires partirent pour la Lorraine, emportant avec eux des sommes considérables. Ils devaient subvenir aux plus pressants besoins. Non-seulement les villages, mais encore les villes les plus importantes même reçurent des aumônes. De ce nombre furent Metz, Toul, Verdun, Nancy, Bar-le-Duc, Pont-à-Mousson, Saint-Mihiel ; en ce déplorable temps, il y avait en tous lieux des personnes de tous états dans la dernière affliction et indigence.

III

Ce grand nombre de personnes de toute condition, réduites à l'extrême nécessité, épuisaient incontinent les ressources, quoique très-abondantes, qu'on envoyait pour les secourir. Une charité moindre que celle de saint Vincent eût perdu courage, tout autre que lui eût considéré l'entreprise commencée comme irréalisable, attendu les autres pressantes misères auxquelles il fallait en même temps pourvoir du côté de Paris et du reste de la France.

Mais que ne peut un cœur qui aime Dieu et qui se confie parfaitement en lui ? *Je puis tout,* disait le grand Apôtre, *en celui qui fait ma force.* Saint Vincent pouvait bien tenir le même langage. Et en effet, Dieu donna une telle bénédiction à ses charitables instances auprès de tous ceux qu'il voyait disposés à exercer les œuvres de miséricorde, que pendant les guerres il eut la consolation d'envoyer près de seize cent mille livres aux pauvres habitants de la Lorraine.

IV

Afin de soulager plus vite et plus utilement les plus pressants besoins, saint Vincent avait donné ordre à ses missionnaires de faire distribuer tous les jours, dans tous les lieux où il y avait des pauvres, du pain et d'autres aliments préparés exclusivement pour eux. Le saint prêtre recommandait aussi à ses missionnaires d'avoir un soin particulier des malades. Mais ce qu'il les conjurait surtout de ne pas oublier, c'était, selon sa touchante expression, de faire l'aumône spirituelle en même temps qu'ils distribuaient l'aumône corporelle ; c'est-à-dire que saint Vincent les conjurait de ne jamais manquer d'instruire, de consoler, d'encourager ceux auxquels ils avaient le bonheur de faire du bien : « Ainsi, ajoutait encore le saint prêtre, on donne la pâture aux âmes pendant qu'on nourrit et qu'on soulage les corps. »

V

Telle fut la conduite de saint Vincent de Paul à l'égard de la malheureuse Lorraine. Après ce court aperçu, on comprend toute la vérité de cette dernière phrase du récit d'Abelly.

« Qui pourrait dire à combien de personnes ce fidèle dispensateur, a par ses soins et entremises charitables, sauvé la vie du corps et de l'âme ; combien il en a retiré du précipice du désespoir où ils s'allaient perdre ? Dieu seul le sait, lui qui a été le premier auteur de tous ces biens. » (Abelly, t. II, c. x.)

PROTECTION MERVEILLEUSE ACCORDÉE PAR LA PROVIDENCE AU MISSIONNAIRE CHARGÉ DE PORTER EN LORRAINE LES AUMÔNES DE SAINT VINCENT DE PAUL.

Entre plusieurs autres merveilles que Dieu a opérées pour favoriser le transport de toutes ces grandes sommes d'argent, tant en Lorraine qu'en Artois, il en est une digne de plus de considération, dit le pieux Abelly. — C'est à savoir que le missionnaire qui les a portées en plus de cinquante voyages, en chacun desquels il était ordinairement chargé de vingt-cinq ou trente mille livres en or, n'a jamais été volé, quoiqu'il passât au travers des soldats qui couvraient le pays et qu'il ait souvent été rencontré par des voleurs. Il est même arrivé que s'étant mis avec des convois qui ont été attaqués et pris, il a toujours trouvé moyen de s'échapper. D'autres fois, faisant route avec d'autres voyageurs, il se sentit subitement inspiré, par un ordre secret de la Providence, de se séparer de ses compagnons : ceux-ci tombaient entre les mains des voleurs, et lui ne faisait aucune mauvaise rencontre. Quelquefois aussi il eut à traverser des bois remplis de malfaiteurs et de soldats débandés ; sitôt qu'il les entendait ou apercevait, il jetait dans quelque buisson ou dans la boue sa bourse qu'il portait ordinairement dans une besace déchirée, à la façon des gueux, et puis s'en allait droit aux ennemis, comme un homme qui ne les craignait pas ; ils le fouillaient, et comme il ne portait rien sur lui, on le laissait aller sans lui faire aucun mal ; bien entendu, aussitôt qu'il se voyait seul, il retournait sur ses pas pour reprendre sa bourse. Un soir qu'il fit une de ces rencontres, les voleurs le menèrent dans un bois pour l'intimider ; là ils le fouillèrent ; n'ayant rien trouvé sur lui de ce qu'ils cherchaient, ils lui demandèrent s'il ne payerait pas bien cinquante pistoles de rançon : « Quand j'aurais cinquante vies, répondit-il, je ne pourrais pas les racheter d'un gros de Lorraine » ; et cela était vrai, puisque comme religieux il ne possédait rien, et que ce qui lui était confié appartenait aux pauvres. Sur cet aveu, on le laissa aller.

En une autre rencontre, comme il cheminait dans une vaste campagne, il découvrit de loin des Croates, et il n'eut que le temps de se décharger de sa besace et de la couvrir de quelques herbes, laissant un petit bâton à trois ou quatre pas pour lui servir de marque. Par ce moyen il conserva son argent ; ce ne fut pas cependant sans peine, car étant retourné la nuit pour le chercher, il ne le put trouver que le lendemain matin.

Bref, c'est une chose hors de doute que Dieu lui donna toujours une adresse admirable et le favorisa d'une spéciale protection pour éviter tous les dangers et s'éloigner heureusement de tous les piéges. Plus tard, la reine ayant entendu parler de ce religieux, le fit venir plusieurs fois au palais, et elle se plaisait à lui entendre raconter les stratagèmes innocents dont il s'était servi pour conduire toujours à bien la délicate mission qui lui était confiée. Terminons en disant que ce pieux religieux a toujours été persuadé et a maintes fois publié que la protection visible de Dieu dont il avait été entouré était un effet de la foi et des prières de Vincent.

CE QUE FAIT SAINT VINCENT DE PAUL POUR LES PAUVRES LORRAINS QUI SE RÉFUGIENT A PARIS. — IL LEUR PROCURE DES SECOURS DE TOUTE NATURE ET LEUR FAIT DONNER DES MISSIONS.

La charité de saint Vincent de Paul l'avait porté à aller secourir les pauvres Lorrains dans leur pays ; elle devait aussi se manifester en faveur de ces malheureux jusqu'au sein de la capitale. Un grand nombre d'entre eux furent contraints, par suite de la disette et de la guerre, de se réfugier à Paris. Le nom de saint Vincent leur était connu à tous, car tous avaient déjà reçu les bienfaits de sa libéralité. Ils vinrent se jeter entre ses bras, le regardant avec raison « comme l'asile le plus assuré des pauvres et des affligés. »

Saint Vincent accueillit en père ces malheureux que la Providence confiait d'une manière si évidente à sa sollicitude. Il leur procura des logements et des habits, et pourvut à leur subsistance. Durant deux années, jusqu'à ce que la guerre fût terminée, ils restèrent à sa charge.

Le saint prêtre ne pouvait manquer de s'inquiéter des besoins spirituels de ses protégés, en même temps qu'il soulageait leur détresse corporelle. Ayant reconnu, dit Abelly, que faute d'assistance de leurs pasteurs, qui étaient morts pour la plupart, quelques-uns d'entre eux n'avaient point approché depuis longtemps des sacrements, il leur fit donner plusieurs missions dans l'église d'un village voisin de Paris, nommé la Chapelle. Un grand nombre de personnes riches de la capitale réclamèrent l'honneur d'assister à ces missions : les unes prirent une part active au travail, les autres encouragèrent et soutinrent cette sainte œuvre par leurs aumônes.

M. OLIER

(*Semaine religieuse,* Bullet. du 24 septembre 1870.)

Nos deux précédents articles vous ont révélé, chers lecteurs, ce que les prières du frère Fiacre et la charité de saint Vincent de Paul réalisèrent de merveilles durant les guerres qui couvrirent de ruines notre pays à la fin du règne de Louis XIII et pendant la minorité de Louis XIV. Ainsi que nous vous l'avons annoncé, il nous reste à vous raconter aujourd'hui ce que fit, dans ces calamiteuses circonstances, le vénérable curé de la paroisse de Saint-Sulpice, M. l'abbé Olier.

Dans les pages que nous allons lui consacrer, vous verrez d'abord comment ce zélé pasteur, dès qu'il prévit les malheurs dont la France et Paris étaient menacés, s'empressa d'inspirer à son peuple de sincères sentiments de pénitence, et le prémunit contre toute tentative de sédition et de révolte. Vous verrez ensuite comment il s'occupa des pauvres de sa paroisse, avec quel soin il les recherchait et leur faisait distribuer tous les secours dont ils avaient besoin, et jusqu'où allèrent ses libéralités.

*

A vrai dire, les récits qui vont vous être offerts sont, pour le fond, assez semblables à ceux des derniers bulletins ; les détails seuls diffèrent. Mais cette répétition des mêmes faits a aussi son intérêt et son importance. Elle vous montrera, à n'en pas douter, la vérité de ce que nous vous assurions naguère, à savoir que quand il s'agit de la gloire de Dieu et du bonheur de leurs frères, les vrais chrétiens n'ont pas deux manières de procéder : c'est toujours à la prière, au dévouement et à la charité qu'ils font appel.

Et puis, après avoir admiré ces beaux sentiments et les œuvres qui en sont la conséquence naturelle, dans un pauvre frère convers d'un couvent d'augustins déchaussés, dans le digne fondateur des prêtres de la Mission, saint Vincent de Paul, vous serez heureux sans doute de retrouver ces mêmes sentiments et ces mêmes œuvres dans le vénérable curé d'une des paroisses les plus justement célèbres de la capitale.

N'est-il pas opportun aussi que ces souvenirs (et certes ce ne sont pas les seuls !) soient évoqués à un moment où plusieurs de nos concitoyens insultent les ordres religieux et le sacerdoce, prétendant que prêtres et moines, comme ils disent, ont toujours été inutiles à la société ? Que ces hommes-là ignorent ou feignent d'ignorer la valeur et le prix de la prière, passe... mais il ne leur est pas permis de fermer les yeux sur les œuvres de charité opérées par l'Église catholique et ses ministres. L'histoire est là avec ses monuments d'une incontestable authenticité.

Et qui oserait soutenir que la charité n'est plus capable de réaliser aujourd'hui ce qu'elle fit dans d'autres temps, et que le sacerdoce a oublié comment on sait se dévouer? Les consciences honnêtes, les malheureux, les pauvres, tous ceux qui souffrent, de quelque nom que s'appelle leur infortune, tous ceux-là protestent contre ces accusations mensongères.

*

Nos récits sont extraits de la belle vie de M. Olier écrite par un de ses disciples, M. l'abbé Faillon. Il nous semble utile de les faire précéder d'une courte notice sur celui dont ils racontent les œuvres.

NOTICE SUR M. OLIER.

M. Olier naquit à Paris le samedi 20 septembre 1608. Il reçut au baptême le nom de Jean. Dès son enfance on admira en lui un respect bien au-dessus de son âge pour le saint sacrifice de la messe et une grande dévotion envers la très-sainte Vierge. Dès ce temps aussi saint François de Sales prédit la vocation du pieux enfant à l'état ecclésiastique. Après des études philosophiques et théologiques honorablement achevées en Sorbonne, il fut ordonné prêtre le 21 mars 1633 et célébra sa première messe le 24 juin suivant. A partir de ce moment, sous l'inspiration de saint Vincent de Paul, qui le dirigeait, du père de Gondren, général de l'Oratoire, et d'une sainte religieuse, la vénérable mère Agnès de Langeac, M. Olier entreprit la grande œuvre à laquelle il se sentait appelé, l'établissement des grands séminaires en France. Toutefois, la première de ces maisons, celle de Vaugirard, ne fut fondée que neuf ans après, en 1642. Pendant ces neuf années, M. Olier avait prié, consulté, préparé ses plans et exercé son zèle évangélique en prêchant un grand nombre de missions dans les provinces, notamment dans le Vivarais.

L'année même où le séminaire de Vaugirard était fondé, la cure de Saint-Sulpice fut offerte à M. Olier. Il la refusa pendant plusieurs mois, dans la crainte que le ministère pastoral qu'il aurait à remplir ne nuisît à l'œuvre des séminaires; mais comprenant ensuite, par les conseils de ses amis, que les deux œuvres loin de se nuire, s'aideraient mutuellement, il accepta.

La paroisse de Saint-Sulpice comprenait alors tout le faubourg Saint-Germain. C'était, au rapport de tous les écrivains du temps, un foyer de scandale et de corruption; tous les vices de la capitale semblaient s'y être donné rendez-vous. M. Olier devait renouveler l'esprit de cette population et en faire cette paroisse pieuse que l'on a toujours citée depuis comme un modèle. Il opéra cette merveille par l'institution des catéchismes et par l'établissement d'une foule d'œuvres de charité et de piété, mais surtout par son dévouement sans borne et celui de ses disciples.

En l'année 1645, le serviteur de Dieu fonda le séminaire de Saint-Sulpice. Durant les années qui suivirent, et tandis qu'il poursuivait l'œuvre de régénération de sa paroisse, il établit plusieurs autres séminaires : les principaux sont ceux de Nantes, de Viviers, du Puy en Velais, de Clermont, et de Québec au Canada. Plein de vertu et de mérite, M. Olier mourut le lundi de Pâques de l'année 1657 (2 avril), entre les bras de saint Vincent de Paul. Le nom du pieux curé est resté en vénération dans la paroisse de Saint-Sulpice et dans tout le clergé de France. Voici ce que dit à son sujet M. l'abbé Glaire, dans son *Dictionnaire des sciences ecclésiastiques* (t. II, p. 1642) :

« Quand on examine sans prévention la vie et les écrits de M. Olier, on ne peut qu'être saisi d'une vive admiration en voyant, d'un côté, tous les dons extraordinaires que Dieu lui accorda, et de l'autre, la fidélité constante avec laquelle ce saint prêtre répondit à ces dons divins. On peut dire hardiment de lui que c'est une des plus belles et des plus vénérables figures de son siècle. Pour nous en particulier, nous ne saurions lire ces écrits sans le voir, comme le disciple bien-aimé, reposer sa tête sur la poitrine du Sauveur et puiser dans son cœur des trésors de lumière. Aussi, une multitude d'écrivains de tous les ordres et de toutes les sociétés ont-ils célébré unanimement ses vertus et ses travaux. Bénédictins, chanoines réguliers, dominicains, franciscains, minimes, jésuites, oratoriens, prêtres de la Mission et autres, l'appellent à l'envi l'ornement du clergé, un homme au-dessus de tout éloge par son zèle pour le rétablissement de la discipline, un prêtre qui a possédé dans le plus haut degré l'esprit de Jésus-Christ, un nouvel Élie, un homme apostolique, éminent en science, en grâce et en sainteté, un personnage très-connu, très-respecté dans toute l'Église, dont le nom seul rappelle l'idée d'un des plus dignes prêtres qui aient jamais été. Ajoutons que l'assemblée générale des évêques, écrivant en 1730 au pape Clément XII, ne craint pas d'appeler l'abbé Olier, dans le bel éloge qu'elle en fait, *l'ornement et la gloire du clergé de France.* »

On doit à M. Olier plusieurs ouvrages de piété très-estimés, en particulier le *Traité des saints ordres*, le *Catéchisme pour la vie intérieure* et l'*Introduction à la vie et aux vertus chrétiennes*. Il a aussi laissé de nombreux manuscrits. On s'occupe en ce moment à Rome de la béatification du grand serviteur de Dieu.

M. OLIER PENDANT LA GUERRE.

I

Dès que M. Olier connut les préparatifs de la guerre, se prosternant à genoux, il s'offrit à la justice de Dieu et livra son âme à une si vive douleur que M. de Bretonvilliers, l'ayant vu dans cet état, en fut, dit-il, plus vivement touché que des plus *fortes* prédications qu'il eût jamais entendues de sa vie. En sa qualité de pasteur, M. Olier se regarda comme chargé des péchés de tous et se condamna à faire, chaque jour, des austérités extraordinaires.

II

Il exhorta aussi son peuple à la pénitence et s'efforça de lui faire comprendre que Dieu ne châtiait le pécheur dans ce monde que pour le convertir ; et qu'au lieu de s'accuser les uns les autres des maux extrêmes où l'on se voyait réduit, chacun devait confesser qu'il méritait, pour ses péchés, des châtiments encore plus sévères. Il les conjura tous de se réconcilier sans délai avec Dieu dans le tribunal de la pénitence, afin d'en être ensuite écoutés plus favorablement, ou du moins afin que leurs souffrances pussent leur mériter une récompense éternelle ; et il eut la consolation d'en voir un grand nombre mettre à profit un conseil si salutaire.

Le zélé curé eut une autre consolation. Au milieu de la fermentation universelle, il obtint que la paix et la concorde ne fussent point troublés dans sa paroisse. Tous les habitants montrèrent par leur attitude comment ils avaient su profiter des instructions de leur pasteur. M. Olier avait fait à cette intention des prières publiques dans son église et avait invité ceux de ses ecclésiastiques qui travaillaient dans les provinces à joindre leurs prières aux siennes. Il écrivait à l'un d'eux : « Faites pénitence pour nos maux ; gémissez pour nos offenses « et pour celles de Paris, qui est menacé, aussi bien que tout le « royaume, de ressentir les effets de la colère de Dieu, qu'il a mérités « depuis tant d'années. Les arrêts de justice contre la France s'accom- « plissent dans toute leur rigueur. Dieu ne lui avait montré les verges « que de loin ; il les avait tenues au dehors ; maintenant il les fait sentir « au-dedans. »

III

Cependant, les troupes ennemies commençant à faire le dégât dans la campagne, et les provisions de bouche n'arrivant plus à Paris, la disette se fit bientôt sentir dans cette capitale. Ce fut alors qu'on vit éclater la charité de M. Olier pour les malheureux. D'abord il assembla les notables du faubourg, en exécution d'un arrêt rendu par le parlement, et prit des mesures pour pourvoir au soulagement des pauvres. Ensuite il fit la visite générale de tous les indigents, dont il trouva quatorze ou quinze cents ménages tous réduits à la dernière nécessité. Quelque grand que fût leur nombre, sa charité inépuisable entreprit de les assister tous ; et dans ce dessein, il associa au frère Jean de la Croix (1) M. Gibily, prêtre de la communauté, plus connu sous le nom de *Confesseur des pauvres.* Ces deux hommes, qui consumèrent leur vie dans les œuvres de la charité, allaient porter les

---

(1) C'était le distributeur ordinaire des aumônes de M. Olier.

secours spirituels et temporels partout où M. Olier ne pouvait se transporter lui-même. Frère Jean leur distribuait les aumônes, et M. Gibily les engageait à souffrir patiemment la misère où la Providence permettait qu'ils fussent réduits, et les disposait à s'approcher avec fruits des sacrements. Mais personne n'avait plus que M. Olier le don de leur faire goûter les consolations que la religion offre à tous ceux qui sont éprouvés par la souffrance.

IV

La tendresse de sa charité paraissait principalenent auprès dés malades, dont le nombre était fort grand : « J'ai eu l'honneur de l'accom« pagner souvent dans les visites qu'il leur faisait, dit M. de Bretonvil« liers, et j'ai remarqué qu'elles leur étaient extrêmement utiles. Ses « paroles pleines d'onction ne contribuaient pas seulement à les con« soler ; elles les portaient encore à souffrir leurs misères par amour « pour Dieu et à se soumettre de tout leur cœur aux ordres de sa « divine providence. Il compatissait avec tant de tendresse à leurs « maux, qu'il en était touché comme s'il les eût endurés lui-même, et « j'ai entendu dire, à cette occasion, qu'on n'avait jamais vu un cœur « plus tendre que le sien. Il ne donnait aussi l'aumône à personne « sans ressentir vivement les maux de ceux qui la recevaient, surtout « lorsqu'il les voyait tristes ou languissants. »

V

Outre ces visites particulières, M. Olier faisait rechercher toutes les familles indigentes, dont le nombre augmentait de jour en jour ; et à chaque tournée, la somme qui se trouvait distribuée par ses ordres montait ordinairement à deux mille livres. Il ouvrait son cœur et ses mains avec tant de générosité, que plus d'une fois on l'accusa de ne savoir pas mettre à ses aumônes les bornes qu'exigeait la prudence. Lorsqu'on lui demandait quelque secours, s'il arrivait qu'il se trouvât sans argent, il donnait sur-le-champ ce qu'il avait sur lui, comme un livre, un mouchoir ou autre chose qu'on pouvait vendre pour avoir du pain. Une personne étant venue recommander à sa charité une famille malheureuse, et lui demandant une certaine somme pour l'assister : « Ce n'est pas assez, dit M. Olier ; il faut lui en donner trois fois autànt » ; et sur-le-champ il lui fit porter cette somme.

Frère Jean, le principal dépositaire de ses aumônes, disait, pour exprimer sa générosité : « Il ne refusait jamais rien de ce que je lui pro« posais, et il donnait à toute main. » Il n'y avait en effet aucune espèce de besoin qu'il ne voulût soulager : pain, viande, potage, habits, linge, instruments de travail pour les artisans, tout était fourni à ceux que la disette avait mis dans l'impuissance de subsister autrement que par les soins et les efforts de la charité chrétienne. Enfin, la rigueur excessive du froid s'étant jointe à la disette universelle, il fit de grands amas de bois et de charbon, qu'on distribuait selon les besoins de chaque famille indigente, surtout aux pauvres honteux.

VI

On a peine à comprendre qu'il ait pu trouver assez de ressources pour fournir à tant de besoins divers, quand on considère surtout que, cette année, les vivres étaient d'une cherté excessive, et qu'il donnait sans mesure : « Frère Jean m'a assuré, dit M. de Bretonvilliers, que si, « dans les autres temps, M. Olier était libéral, dans l'hiver de 1649, qui « fut très-rigoureux, on pouvait en quelque sorte lui reprocher d'être « prodigue. » Mais sa confiance en Dieu fut toujours pour lui un inépuisable trésor. Une personne, chargée de la distribution de ses aumônes étant venue lui dire qu'elle était sans argent : « Vous n'avez « point de foi, lui dit M. Olier ; Dieu peut-il nous manquer ? »

Cette confiance produisait en lui des effets qui ne sont pas tout à fait ordinaires. Persuadé que Dieu lui donnerait toutes choses selon ses besoins, jamais, dans les nécessités les plus pressantes, il ne perdit un seul moment la paix de l'âme ni ne se laissa aller à l'empressement naturel, sa pratique invariable ayant toujours été de ne mettre qu'en Dieu sa confiance, non-seulement lorsque le succès des affaires paraissait être impossible, mais encore quand il semblait être certain. Aussi cette confiance si vive ne fut jamais trompée, et l'on était toujours surpris, toutes les fois qu'il était réduit à la dernière extrémité, de voir arriver aussitôt les secours en abondance. —(*Vie de M. Olier*, t. II, l. VII.)

APPEL A LA PRIÈRE

(Extraits du journal *le Monde*).

Nous touchons aux dangers suprêmes : tous les moments sont précieux. De toutes parts on fait appel à toutes les forces de la nation ; partout on stimule tous les dévouements ; on enrôle armées sur armées et bataillons sur bataillons. C'est bien ; il faut que tout concoure à la défense. Mais ne restera-t-il rien à faire ? Les femmes, les jeunes filles, les enfants, les vieillards, les infirmes, qu'en fera-t-on ? N'auront-ils point leur part dans la lutte pour la patrie ? Quelles armes mettrat-on dans leurs faibles mains ? Quelles armes ? Si nous n'étions un peuple catholique, cela pourrait se demander. Tout cœur français a déjà répondu : *la prière !* Et la prière, on l'a bien dit, c'est la plus terrible des armes ; il n'y en a point de plus redoutable. . . . .

Qu'on arme donc de cette arme invincible tout ce qui n'en peut porter d'autres, et cette armée ne sera pas la moins utile à la patrie : ses engins ne sont pas difficiles à préparer et ne manquent jamais leur effet.

Organisons la *grande armée de la prière perpétuelle.* Que chaque jour, dans chaque église, de la dernière messe jusqu'au soir, les femmes catholiques, chacune ayant choisi le quart d'heure de la journée dont ses occupations lui permettront de disposer, se succèdent sans intervalle devant les autels du tout-puissant Dieu des justices et des miséricordes.

Pendant que les maris, les pères, les fils, les frères vont au combat ou gardent les remparts, à la pensée que leurs épouses et leurs mères, leurs filles et leurs sœurs sont là, priant et demandant pour eux la force et le secours d'en haut, l'inspiration qui dirige et la résolution qui fait vaincre, ils sentiront à chaque instant renaître leur courage, et leurs cœurs se fondront dans un commun effort de patriotisme et de dévouement.

Pourquoi chaque paroisse n'enverrait-elle pas une députation à *Notre-Dame des Victoires,* pour implorer la Vierge, la Vierge *puissante* qui est la protectrice et la gardienne de la France, et que les livres saints nous montrent *forte et terrible comme une armée rangée en bataille?* ou bien à *Notre-Dame d'Espérance,* pour demander à celle qu'on appelle si justement *l'espoir des désespérés,* qu'elle relève les cœurs abattus, ranime les confiances chancelantes, redonne aux esprits hésitants cette ferme assurance qui est le gage du succès? ou bien au tombeau de *sainte Geneviève,* la patronne de Paris, pour qu'elle renouvelle en notre faveur les miracles des premiers jours et mette promptement en fuite le nouvel Attila qui ravage la France?

Sus donc, chrétiens, debout, et armons-nous pour ce puissant combat.

UN JUSTE MOTIF DE CONFIANCE.

La France, quand elle ne fut pas malgré elle courbée sous un joug odieux, a toujours été la généreuse protectrice du faible et de l'opprimé, le valeureux soutien de toutes les nobles causes; grande encore aujourd'hui dans l'abîme de son malheur, et régénérée par son malheur même; châtiée durement pour de grandes fautes, elle est toujours chère à Dieu malgré ses fautes, parce que Dieu n'oublie jamais le bien, et il ne saurait oublier tout le bien que par la France il a fait dans le monde. La France est un objet sacré, Dieu la défendra. Quand il se sert d'un instrument pour châtier, aussitôt que justice est faite, il le brise...

PARIS. — E. DE SOYE ET FILS, IMPR., 5, PL. DU PANTHÉON.

106

www.ingramcontent.com/pod-product-compliance
Lightning Source LLC
Chambersburg PA
CBHW061609050726
47595CB00007B/2853